www.tredition.de

AF177348

Walter Maus / Heribert Steger

Die Dichter

Besinnliche Gedichte zum Schmunzeln und Nachdenken

www.tredition.de

© 2018 Heribert Steger
Umschlag, Illustration: Heribert Steger

Verlag und Druck: tredition GmbH,
Halenreie 40 - 44
22359 Hamburg

ISBN
Paperback: 978-3-7469-3451-8
Hardcover: 978-3-7469-3452-5
e-Book: 978-3-7469-3453-2

Walter Maus / Heribert Steger:

Die Dichter

Besinnliche Gedichte

zum Schmunzeln und Nachdenken,

nach Themen

in alphabetischer Reihenfolge

geordnet in 14 Kapiteln

Band V in der Reihe

"Gedichte von Heribert Steger"

tredition GmbH

Nürnberg / Norderstedt 2018

Inhalt

1. Kapitel: Altern

Altersbeschwerden

Vom Kopf bis zu den Zehchen,
im Alter gibt's Weh-weh-chen.
Woher die Sache wohl nur kommt?
Man frage nur den Doktor prompt.

Es gibt in vielen Fällen
nichts weiter festzustellen.
Man findet öfter nicht den Grund
für alles, was verletzt und wund.

Drum sage, wer es wolle:
Das Wetter spielt 'ne Rolle.
Und weil sich andres nicht ergab:
Die Krankheit hängt vom Alter ab.

Der Arzt kann oft auf viele Fragen
zur Diagnose „Alter" sagen.
Mitunter kann er auch dazwischen
den wahren Krankheitsgrund erwischen.

Es gibt so viele Unbehagen,
die uns im Alter heftig plagen.

Für Frauen tröstlich ist das Wort:
Die Periodenleiden gehen fort.

Wenn ein Bein recht schrecklich schmerzt,
fühlt mancher sich nicht mehr beherzt;
und ist es grad das schwache, linke,
kein Wunder, dass der Mensch drauf hinke.

Am Alter liegt's, der Doktor meint.
Da meldet sich des Kranken Freund:
"Das Alter kann nicht sein der Grund.
Das rechte Bein ist noch gesund.

Das linke Bein ist schließlich halt
genauso wie das rechte alt."

Aufstehen im Alter

Ach, wie war das früher schön,
ohne Mühen aufzustehn.
Heute muss ich's sacht probieren,
Arm und Beine erst sortieren.

Auch wenn mühsam das Erheben,
trotzdem freu ich mich am Leben.
Der Sonnenaufgang mich entzückt.
Ich muss jetzt auf. Die Blase drückt.

Guten Morgen! Gott befohlen!
Ich geh' mal erst die Zeitung holen,
um ganz gemütlich nachzulesen,
was gestern im TV gewesen.

Vom Älter werden

Wird man älter, fehlt die Kraft,
mit der man früher viel geschafft.
Die Zeit vergeht meist immer schneller.
Unser Gedächtnis wird nicht heller.

Und wird man schließlich hochbetagt,
ist man oft nicht mehr sehr gefragt.
In Eile braucht man nicht zu hecheln,
beschaulich wir die Welt belächeln.

Was unser Dasein wirklich trägt,
sich in der Stille sacht bewegt.
Drum lasst uns täglich Gutes sagen
und Bagatellen nicht beklagen.

Lasst niemals Euch die Hoffnung rauben,
an das Gute mehr zu glauben.
Das Böse, auch wenn's lauthals schreibt,
bleibt meistens in der Minderheit.

Das Schöne sehen ist die Kunst,
das Schlechte tauche ab im Dunst.
Dann können wir auf Erdentagen
glücklich leben mit Behagen.

2. Kapitel: Bibelverse

Ins Dasein geliebt
12 Gedichte

Des Glaubens große Lese-Fibel
bleibt immer noch die Welt der Bibel.
Ich tauche gerne in sie ein,
denn hier kann ich recht glücklich sein.

Ein Gott, der immer zu mir hält,
das ist das Beste auf der Welt.
In Ihm wir können immer leben;
es dürfte wohl nichts Schön`res geben.

Da wir im Grund von Seiner Art,
nicht strikt getrennt, von Ihm apart,
sind wir von Seinem Geist bestimmt,
der uns ins Himmelreich einst nimmt.(Apg 17,29)

Die ew`ge Liebe uns erfreue,
die immer währt in großer Treue.
Hat diese Liebe mich geformt,
bin ich aufs letzte Heil genormt. (Jer 31,3)

Denn was sich Gott einst ausgedacht,
das hat er auch sehr gut gemacht.
Sein Schöpfungsplan sei nicht verschwendet,
wenn er vom Menschen angewendet. (Gn 1,31)

Im Segen und im Gnadenfalle
sind wir beschenkt als Christen alle,
wenn wir nur wirklich an Ihm hangen,
des Lebens Fülle wir empfangen. (Joh 1,16)

Der Herrgott selber freue sich
und bringe Segen über dich.
Wenn er in Güte auf dich schaut,
so juble und frohlocke laut! (Zeph 3,17)

Auf allen Deinen Lebensstufen
bist Du vom Herrn geliebt, gerufen;
berufen schon im Mutterschoß,
dass Nächstenliebe werde groß.

Denn Großes hat der Herr im Sinn,
so wende Dich zu Ihm ganz hin!
Du bist für Gott nicht unbekannt,
beim Namen hat er dich genannt. (Jes 49,1)

In Seinen Augen bist du teuer,
durch Gottes Liebe ungeheuer.
Dein Leben hat sehr großen Wert.
Du wirst geliebt und hoch verehrt. Jes 43,4)

Der Schöpfungsplan ist sehr genau:
Der Mensch besteht aus Mann und Frau.
Als Abbild Gottes gilt's zu leben.
Das fördert unser Tugendstreben. (Gen 1,27)

Der Mensch ist hier auf dieser Welt
von Gott fast engelgleich gestellt.
Er hat Dich nicht gering gedacht.
Er räumt Dir Freiheit ein und Macht.
Wer sich mit Gott hat ausgesöhnt,
wird auch mit Herrlichkeit gekrönt. (Ps 8,6)

Wenn Gottes Liebe hilfreich waltet,
siehst Du das Leben genial gestaltet.
Wer Gottes Werke tief verehrt,
für den sind sie echt staunenswert. (Ps 139,14)

Im Dunkeln liegen viele Plätze,
verborgen sind so manche Schätze,

Wer sie entdeckt durch Gottes Licht,
in Finsternis bleibt er dann nicht.

Der Herr wird Dich beim Namen nennen,
dann wirst Du Seinen Geist erkennen,
der Dir zur Freude wird, zur Quell.
Er mache Dir Dein Leben hell. (Jes 45,3)

Dem Herrn lasst uns mit Freude danken;
er ließ auch unsern Fuß nicht wanken.
Er hat uns gnadenreich beschenkt,
hat Seinen Geist in uns gesenkt.

Wenn wir auf Seinen Wegen wallen,
soll ihm zur Ehre Lob erschallen.
Wenn Gott in Güte niederschaut,
ihr Völker preist den Herrn recht laut! (Ps 66,8-9)

3. Kapitel: Kritisches

Die deutsche Fahne

Für unser schönes Vaterland
ist ein Symbol das Farbenband.
Die deutsche Fahne: schwarz - rot - gold.
Es bleibe uns das Schicksal hold!

Der Infekt

Was Medizin schon früh entdeckt,
heißt heute auf Latein: Infekt.
Bei mittelsprachlichem Talent
ist dies ein Wort, das jeder kennt.

Um den Wissensdurst zu stillen,
entdeckte man auch die Bazillen.
Im Mikrokosmos-Wunderland
sind auch die Viren lang bekannt.

Beim weißen Mann sowie beim Neger
gibt es noch weitere Erreger.
Den AIDS-Erreger man benennt,
so dass man diese Krankheit kennt.

Obwohl von großer Geisteskraft
die Wissenschaft nicht alles schafft.

Auch wenn sie tätig ist mit List,
das Nicht-Gewusste größer ist.

Jahrhunderthochwasser

Vom Bodensee-Ufer, da komme ich her.
Ich muss schon sagen, da plätschert es sehr.
Sandsäcke stehen in Reihe und Glied.
Sie sollen verhindern, dass Schlimmes geschieht.

Gummistiefel kaufte ich grad,
mein Schlauchboot gleichfalls liegt schon parat.
Die Schneeschmelze in den Bergen beginnt.
Die Hochflut bereits durch das Rheintal rinnt.

Man sollte die Schaffhausener bedrängen,
den Rheinfall etwas breiter zu sprengen,
damit mehr Wasser im Rhein fließt ab
und wir nicht ersaufen am Bodenseegrab.

Wir können gewiss die Probleme nicht lösen,
nicht bändigen, sichern das Hochwasserwesen.
Hilft uns die Regierung in Bonn oder Bern?
Denn nasse Füße bekommt niemand gern.

Wenn Promenaden unter Wasser stehn.
Keiner mag dort spazieren gehn.
Zu den Häusern kann niemand mehr laufen.
Man droht jetzt im Wasser zu ersaufen.

Konstruktive Kritik als Lebenshilfe

Schau ich mir Zeitgenossen an,
wo viele etwas von sich halten,
dann stell ich fest so manchen Wahn
bei konkurrierenden Gestalten.

Jeder will ganz allgemein, -
manche wagen's nicht zu sagen, -
auf jeden Fall der Beste sein;
wer kann da schon Kritik vertragen?

Es ist doch klar, - was viele wissen,
es ist wohl ein Gesetz auf Erden, -
dass wir durch Fehler lernen müssen,
damit wir täglich besser werden.

Niemand ist total perfekt
keiner ohne Fehler, Makel.
Wer die Schwächen nur versteckt,
meidet Ärger und Debakel.

Doch wer keine Fehler sieht,
keine Mängel, keine Sünden,
sich auch nie zu bessern müht;
wird sich daher nie verbünden

mit viel Eifer, großem Streben,
das die Arbeit optimiert.

Dies bewirkt in unserm Leben,
dass es läuft fast wie geschmiert.

Teamarbeit und Selbstkritik,
Solidarität soll sein,
damit wächst für jeden Glück.
Sinn fürs Ganze stellt sich ein.

Krankenhaus

Wer ist schon gern im Krankenhaus.
Am liebsten möcht' man wieder raus.
Nur geht zur Zeit das wirklich nicht,
weil es mir an Kraft gebricht.

Ich behalte stets im Sinn:
Wie krank war ich doch zu Beginn,
als die Lebensgeister sind entflohn,
sah' ich mich als Leiche schon!

Um mich hört ich nur Gebrumm.
Benebelt war das Cerebrum.
Doch heute geht's mir sehr viel besser.
Ich bin bereits ein tapf'rer Esser.

Kritik am kleinsten Fehler

Hast du im Leben tausend Treffer.
Man sieht's, man hört's. Man sagt: "Ei, ei!"
Doch es bellt der kleinste Kläffer,
schießt du ein einzig' Mal vorbei.

4. Kapitel: Liebe

Ballade des Minnesängers
"Walter von der Hafenstraße"

Ich hatte es schon lang im Sinn,
dass ich ein Minnesänger bin,
der von Burg zu Burg gefahren
wie vor über tausend Jahren.

Am Brunnen saß sie, kaum zu glauben.
Ich selber sprach von neuen Tauben.[*]
So hab' ich mich ihr zugesellt,
der allerliebsten Frau der Welt.

Sie war so schön und gar nicht bange.
Sie fuhr auf meiner Fahrradstange.
Kein Zufall war's - doch mein Entzücken:
Sie half mir, meinen Reifen flicken.

----

*) Wörtl. Zitat auf Kölsch: "Ham mer 'ne
neue Duv im Stall?" Übersetzt ins Hochdeut-
sche: "Haben wir eine neue Taube (Studentin)
im Stall (in der KHG= Kath. Hochschul-
Gemeinde)?"

Ich fand sie einfach wunderbar
und ging mit ihr ins Seminar.
Die Stadt wurd' kräftig bombardiert,
die Fakultät evakuiert.

Winter war's und ziemlich kalt.
Wir zogen in den Westerwald.
Professor Rohrbeck sie verehrte
und sie freundlich so belehrte:

"Ein Arzt als Mann sei absolut
in keinem Fall besonders gut.
Bei Erfolg gäb's keine Zeit,
andernfalls nur Hunger-Leid."

Verdienstvoll ist der Kompromiss.
Der gelang der Erilies.
Ich konnt' bis heut es ihr nicht lohnen,
sie ersetzte **drei** Personen.

Mutter war sie, was natürlich,
auch als **Ehefrau** gebührlich,
Sprechstundenhilfe obendrein.
Ohne sie konnt' ich nicht sein.

Die beste Frau weiß man als Mann,
ist die, von der man schwärmen kann.
Vom lieben Veilchen Ealein
da fällt mir nur das Beste ein.

So gelang es ihr im Leben,
nach dem Guten stets zu streben.
Sie wollt' die Welt zum Guten lenken,
konnt' selten an sich selber denken.

Die Omi sagt's dem Enkelkind:
"Und wenn sie **nicht** gestorben sind,
was ganz gewiss die Welt erfreute,
dann leben sie gewiss noch heute."

Gedanken über die Liebe

Die Minne und die Poesie,
gut lebt keiner ohne sie.
Die Liebe ist das Licht der Welt,
das jede Finsternis erhellt.

Pharo oder Kerzenschein,
ob groß das Licht, ob winzig klein,
das fühlt das Kind, das weiß der Greis:
Es erhellt den Wirkungskreis.

Von stiller Liebe sprechen Kerzen.
Sie erwärmen unsre Herzen.
Gehn sie aus, ist's schwer zu finden,
ein Flämmchen, neu sie anzuzünden.

Auch Blumen sind ein Liebeszeichen,
die wir gefühlvoll überreichen.

Bricht der ird'sche Wanderstab,
streun wir mit Tränen sie ins Grab.

Die Träne quillt in Leid und Freud
so lang man lebt. - Es manchmal reut,
die nicht gelebte große Liebe,
von der am End' nichts übrig bliebe.

Lieben und Liebeskummer

Es gibt nichts Schöneres auf Erden,
als lieben und geliebt zu werden.
Ein liebend' Herz nur schwer versteht,
dass Liebe oft vorübergeht.

Ob Liebe groß ist oder klein,
es ist ein Weg zum Glücklich-sein.
Für manche ist es schwer zu fassen,
dass viele sich nur lieben lassen.

Man kommt fast an des Grabes Rand,
wenn der Partner ist verbannt.
Die Tränen fließen heiß und schwer,
bis das Herz im Busen leer.

Das Leben wird dann doppelt hart,
wird Glück und Freude aufgespart.

Mitunter scheint das hoffnungslos,
was früher wunderbar und groß.

**Liebesgedicht
von Walter Maus an seine Frau Erilies**
zum 53. Hochzeitstag am 15. August 1999

Statt 53 Rosen, die verblüh'n,
leg' ich Verse vor Dich hin.

Kauf' Dir doch ein schönes Kleid!
Ich hoffe, dass es Dich erfreut.

Damit hast Du immerhin
mal was Neues anzuziehn.

Von Herzen Dein schon ziemlich alter
immer noch verliebter Walter.

Drum sei's erinnert und gesagt:
Liebet mehr und unverzagt!
Lass zur Liebe dich hinab
und warte nicht erst bis zum Grab!

Liebesrausch und wahre Liebe

Einst hat die Liebe mich entzündet.
Ich glaub', dass sich nichts Schön'res findet

auf dieser großen weiten Welt,
da nichts als Liebe mehr gefällt.

Wer liebt, beginnt stets neu von vorn.
Er schöpft aus einem Wunderhorn.
Was man erfährt im Liebestraum,
ist unerhört, man glaubt es kaum.

Das Herz wird weit und immer wieder
schwelgt man im Rausch der Liebeslieder.
Denn Liebe weckt die Phantasie,
dass uns das Leben neu erblüh.

Die Liebe uns das Herz erfreu,
lässt alles Leben werden neu.
Und sehen wir nur rosarot,
macht Liebe allen Hass ganz tot.

Verliebt das Leben rauscht vorbei.
Drum wer verliebt, auch wachsam sei!
Er zähme seine niedern Triebe
und wandle sie zu wahrer Liebe!

Die wahre Liebe wächst in Treue.
Sie liebt den andern stets aufs Neue.
Sie strebt nach letztem, ew'gem Glück
und fällt nicht in den Tod zurück.

Das verlorene Paradies

Eva meint im Paradies,
des Baumes Frucht wär' herrlich süß.
Sie verstößt ganze ohne Not
gegen göttliches Verbot.

Erkenntnis bringt nicht immer Segen,
wenn wir aus Gier nur handeln mögen.
Eva und das Schlangenbiest
haben uns Genuss vermiest.

Denn Adam aß den Apfel gar,
der von Gott verboten war.
Mit dem Glück war es nun aus.
Ein Cherub-Engel schmiss sie raus.

Erkenntnis und Vernunft allein
kann manchmal wie die Hölle sein.
Sehn Menschen wir in Nöten stehen,
soll'n wir nicht einfach weitergehen.

Gefühle, Liebe, Empathie
und sehr viel Hilfe brauchen sie.
Hat uns Liebe auserkoren,
scheint's Paradies nicht ganz verloren.

5. Kapitel: Menschliches

44 Eissorten

Zum Nachtisch gibt's ein Speiseeis.
Dabei denkt niemand an den Preis.
Man hat nur eine süße Qual:
Das ist der Sorten große Wahl.

Ob Erdbeer oder gar Zitrone,
ob Waldbeer, Brombeer und Melone,
ob Schwarzbeer oder einfach Zimt,
es ist die Frage, was man nimmt.

Recht selten, nicht an allen Orten
gibt es ein Eis mit diesen Sorten:
Mit Ingwer oder mit Rosinen
verklären sich Genießer-Mienen.

Doch öfter ist die Sorte da,
die nennt sich schmackhaft 'Mallaga'.
Wer das Gesunde möchte nur,
genießt am besten Yoghurt pur.

So manchem wird's im Munde heiß
bei Grapefrucht, Pampelmuseneis.
Rhabarbar, angebaut vom Bauer,
schmeckt dagegen etwas sauer.

Vielleicht ist jemand auf der Pirsch
nach Eis, das nennt sich Sahnekirsch.
Und niemand mag verachten mehr
Johannisbeer und Heidelbeer.

Der eine liebt die Kiwi-Frucht,
der and're die Schok'lade sucht.
Ein dritter schätzt mehr die Vanille,
die ihm ersetzt manch' bittre Pille.

Ein vierter gar nicht zögern muss,
er greift nach Eis mit Kokusnuss.
Der fünfte schwärmt für Karamell,
und sein Gesicht wird süß und hell.

Der sechste sucht die Ananas,
die hilft ihm zu verdauen was.
Der siebte greift aus fairem Handel
zu Erdnuss, Walnuss oder Mandel.

Der achte zeigt sich nicht genant
und füllt den Mund sich mit Krokant.
Dem neunten hat sein Herz gelacht,
als er das Eis mit Nougat macht.

Der zehnte schließt die Augen zu,
er schwärmt für das Tiramisu.
Der elfte ist ein Mann von Welt,
dem Strachiatella gut gefällt.

Der zwöfte macht das Dutzend voll,
er findet Kirscheis einfach toll.
Ein weit'rer nimmt das Eis mit Sahne.
Vom Schnaps hat er schon eine Fahne.

Ob Wallnuss oder Haselnuss,
das Eis ist köstlich wie ein Kuss.
Verschleckt man es in Kugelform
ist der Genuss wohl auch enorm.

Natürlich bleibt das Eis famos
garniert mit einer Himbeersauce.
Auch als Spaghetti ist's nicht schlecht.
Es ist in jeder Form uns recht.

Cappucino - ein Genuss,
Banane mit Schok'ladenguss.
Die Maracuja ist sehr lecker
mit Waffeln von dem Zuckerbäcker.

Und fällt die Wahl auch ziemlich schwer,
ich greif' zum Eis mit Stachelbeer.
Danach mit großer Grazie
erwähl' ich die Pistazie.

Dann mit gefälliger Routine
nehm' ich dazu die Apfelsine.
Und scheint orange auch etwas matt,
die süße Frucht macht mich schön satt.

Leute sind von fern und nah
schleckend gern zusammen da.
Und so schwärme ich zum Schluss:
Das Eis, das ist ein Hochgenuss.

Diät

Wie zu trinken, wie zu essen,
werden oftmals wir belehrt.
Die Gesundheit wir vergessen,
wenn wir schlucken ganz verkehrt.

Langsam essen, gut zu kauen,
gilt es um des Magens willen,
um so besser zu verdauen
und den Hunger ganz zu stillen.

Wir sollten uns das Mahl gestalten
und beim Essen oder Laben
stets das rechte Maß behalten,
wenn wir Durst und Hunger haben.

Und folgen wir der guten Regung
und essen wenig, was nicht schwer,
dann reicht die Hälfte der Verpflegung.
Diät braucht weniger, nicht mehr.

Wir leben fast im Überfluss,
geplagt von Ängsten und von Nöten.
Kein Wunder, wenn es gibt Verdruss
und Essensregeln gehen flöten.

Auch wenn nicht jeder das versteht:
Man kann es selber eruieren,
dass Griebenschmalz ist Top-Diät.
Das sollte jeder ausprobieren.

Wir lassen und nicht länger necken;
denn die Diät soll uns auch schmecken.
Nur dem langgewohnten Fresser
schmeckt der Speck und Zucker besser.

Viele Dicke schaukeln munter
an der Waage rauf und runter.
Doch ein Trost bleibt ihnen halt:
Auch Dicke werden manchmal alt.

Frühjahrsmüdigkeit

Zu der schönen Frühjahrszeit
gibt's oft Frühjahrsmüdigkeit.
Dazu stelle ich nur fest:
Das ist vom Winterschlaf der Rest.

Lass die Muffel, diese müden,
lieber ganz in Ruh, in Frieden!

Jeder Tag ist wohl getan,
wenn er fängt mit Aufstehn an.

Der eine früh, der andre spät,
so wie's für ihn am besten geht.
Bedenke, dass der Frühaufsteher
zu Bette geht wohl meist auch eher.

Drum gebt nur Ruhe, seid recht brav!
Und lasst dem Mitmensch seinen Schlaf!
So drängt den Schlaf nicht stark zurück!
Denn Träume sind des Menschen Glück.

Viele scheinen's gut zu wissen,
was wir im Frühling treiben müssen.
Manchen aber treibt im Lenz
die erwachende Potenz.

Als Extrakt ist uns geblieben:
Jetzt soll man exzentrisch lieben.
Diese Liebe macht uns munter,
fährt die Müdigkeit herunter.

Gala-Dinner

Bringt Gala-Dinner Lebenssinn?
Schließlich steht man lange Schlange.
Worin liegt darin Gewinn,
wenn ich steh am Eingang lange?

Hunger hab' ich schon seit Stunden.
Inzwischen ist es beinah acht.
Als ich gerade Platz gefunden,
wurd' kein Essen uns gebracht.

Also blieb ich weiter hocken,
wartete geraume Zeit,
aß dann endlich Schillerlocken
und ein Salatmenü zu zweit.

Langsam essen, das ist wichtig.
Stress wird dabei überwunden.
Langsam kauen ist auch richtig.
Das kann dauern beinah' Stunden.

Schließlich fand die Speisung statt
bis niemand spürbar Hunger hat.
Wohl gesättigt, nicht allein,
können wir zufrieden sein.

Geburtstagsglückwünsche

Was keiner sich gern nehmen lässt
die Gratulation zum Wiegenfest.
Wer zum Geburtstag gratuliert,
wünscht Glück und Segen kombiniert.

Der Gratulant fühlt sich so frei,
steht dem Geburtstagskinde bei;
mit Frohsinn, Freude, Lebenskraft
wird Negatives weggerafft.

Die Hoffnung wächst und blühet auf
in seinem weit'ren Lebenslauf.
Drum sagen wir nicht nur zum Trost:
Geburtstagkind, auf Dich ein Prost!

Glückwunsch

Hier unten haben unterschrieben
die Menschen, die Dich herzlich lieben.
Neidlos wünscht Dir diese Schar
noch ein schönes Lebensjahr.

"Freu Dich!" sagen alle laut.
Dann ist Dein Glück Dir nicht verbaut.
Friede, Freud' auf allen Wegen
und natürlich Gottes Segen.

Die Hühnersuppe

Ich esse gerne Hühnersuppe.
Das Mark der Knochen ist nicht schnuppe.
Und niemand ist davon bestürzt,
ist sie mit Schnittlauch fein gewürzt.

Die Suppe würde noch mehr taugen,
säh' ich darauf aus Fett mehr Augen,
die glasig oben schwimmen rund
und zeigen, dass sie sehr gesund.

Ich schlürfe sie in mich hinein.
Ein Löffel dürfte praktisch sein.
Ist sie mit Pfeffer eingedeckt,
die Suppe mir noch besser schmeckt.

Das Salz dazu nicht fehlen darf.
Doch sollte sie nicht sein zu scharf.
Und isst man sie zu zweit, zu dritt,
sagt jeder: "Guten Appetit!"

Der Hunger vergeht

Am Buffet wird jeder satt,
da denkt man nur, wer hat, der hat.
Die Hungerszeit so nebenbei
geht dann schnell an uns vorbei.

Hunde- und Menschenrassen

Bei Hunden ist es längst bekannt:
Ein Mischling ist oft viel gesünder.
Reinrassig sein scheint fast arrogant,
die Qualität wird meistens minder.

Auch beim Menschen wissen wir,
dass sich Rassen gerne mischen.
Dabei leicht entdeckt man hier,
Gene kann man so auffrischen.

Außerdem sieht man jetzt ein,
dass die Menschheit ist gemischt.
Keine Rasse ist mehr rein.
Die reine Rasse gibt es nicht.

In Wirklichkeit geht Rassenstreit
am Erscheinungsbild vorbei.
Bleibt der Rassist in Minderheit,
mag es sein auch einerlei.

Doch wenn in Zukunft einmal Zeiten
kommen hier auf dieser Erden,
wo die Toleranzen gleiten,
könnte es gefährlich werden.

Wenn die Lebensräume weichen
Wasser knapp, Resourcen rar,
Rassenhass sucht ihres gleichen,
die Krisenherde werden wahr.

Wenn neue Kriege kommen,
um Land, um Geld, um Herrschermacht,
erlöscht der Friede auch bei Frommen,
da Hass und Zorn wird angefacht.

Wir hoffen so im Lauf der Welt,
dass manche Kriegsgefahr entfällt,
wenn Sehnsucht nach dem wahren Frieden
bei den Völkern wächst hienieden.

Kratzen am Kopf

Manch einer kratzt sich oft am Kopf
und fühlt sich wie ein armer Tropf.
Man kratzt sich, wenn es kommt so weit,
bei häufiger Vergesslichkeit.

Er muss des Schadens Höhe messen,
hat 'nen Geburtstag er vergessen.
Das Kratzen soll ihn machen schlau,
und nie vergessen seine Frau.

Manch einer tippt an sein Gehirne,
und fühlt sich matt wie eine Birne.
Der Nächste gar den Koffer packt
und weiß nicht, was schon eingesackt.

Aus zweifelnder Verwegenheit
ergreift er die Gelegenheit
und will am Kopf durch festes Kratzen,
seine Chancen nicht verpatzen.

Am Kopf Gekratze nimmt Gestalt,
wenn man versteckt im Hinterhalt,

liegt dem Rivalen auf der Lauer
und fühlt: Jetzt wird die Lage rauer.

Wenn eine hohe Rechnung kommt,
kratzt der Geschädigte sich prompt,
verzweifelt an dem eignen Hirn,
dem Gegner bietet er die Stirn.

So gibt es manchen Anlass halt,
dass man die Hand zum Kratzen krallt.
Es könnte werden uns zum Segen,
wenn es erhöht das Denkvermögen.

Lebensfreude

Freude - ach, wie find ich sie
als Quelle meiner Energie?
Sagt nicht mancher voller Qual,
die Erde sei ein Jammertal?!

Wie kann ich höher'n Sinn ergründen,
den Weg zum ew'gen Selbst bloß finden?
Wie befreie ich mein Herz,
die Seele auch von Leid und Schmerz?

Die Gedanken muss ich lenken
mit Hirn und Herz zu neuem Denken.
Auf dass die Menschen hier auf Erden
wieder froh und glücklich werden!

Nackte Schnecken

Wenn Schnecken uns so nackt erscheinen,
könnte man dabei fast weinen.
Ach könnte man sie doch beglücken
und Pullover für sie stricken!

Übers Wetter reden

Egal ob Damen oder Herrn,
vom Wetter reden alle gern.
Auch wer sonst nichts wagt zu fragen,
zum Wetter kann er auch was sagen.

Man spricht davon auf jeden Fall;
denn Wetter gibt es überall.
So kann man ein Gespräch beginnen
und die Gedanken weiter spinnen.

Wer schüchtern ist, bekomme Mut,
das Wetter mache alles gut.
Selbst der Ärger wird nicht groß,
kommt man in Wut und "wettert" los.

"Donnerwetter!" Gut gelaunt,
sagt man das, wenn man erstaunt.
"Scheißwetter" sagen manche oft,
wobei man meist auf Sonne hofft.

Badet man jedoch im Schweiß,
ist das Wetter viel zu heiß.
Der Bauer schaut auf seinen Acker:
"Gott sei Dank!" Es regnet wacker.

Holt er Heu sich dann herein,
erwartet er nur Sonnenschein.
Doch allen Leuten recht getan,
ist eine Kunst, die niemand kann.

Die Christen, die dran glauben mögen,
erbitten gern den Wettersegen,
damit die Ernte gut gedeiht
und jeder Mensch sich mächtig freut.

Die Christen lassen Gott nur walten.
Und wenn sie sich ans Wetter halten,
dann nehmen sie es, wie's grad kommt,
ergeben ganz - wie es sich frommt.

Wetter ändern, das geht nicht.
Darum ist es uns're Pflicht,
immer angepasst zu sein,
bei Regen oder Sonnenschein.

Am besten macht's die Schirmfabrik,
bewahrt sie nur den Überblick:
Im Regen gibt's den Regenschirm.
Bei Sonne macht sie uns auch firm.

Sie bietet Sonnenschirme an.
Das ist eine Wohltat dann:
Wenn die Sonne runter brennt,
niemand einen "Brand" mehr kennt.

Sorg' Dich nicht ums Wetter weiter!
Sei gelassen, fröhlich, heiter!
Akzeptier' nicht Sonne nur!
Regen braucht oft die Natur.

Regen oder Sonnenschein,
lass das Wetter Wetter sein.
Pass Dich an und sei gescheit!
Dann ist immer gute Zeit.

Das Wetter und die Politik

Das Wetter gleicht der Politik.
Das Bessere liegt weit zurück.
Mancher ist sogar so weit
und spricht von "guter, alter Zeit".

Heute ist natürlich klar,
dass dies meist ein Irrtum war.
Wir hoffen weiter unbeirrt,
dass es morgen besser wird.

Zigarettenkippen

Wer gerne Zigaretten raucht,
dem bleibt der Stummel unverbraucht.
Das Mundstück dient zu keinem Zweck.
Die meisten werfen's einfach weg.

Doch mit den Rauchern möcht' ich zanken,
wenn die versunken in Gedanken,
den Stummel drücken kräftig aus,
so dass die Asche tritt heraus.

Man wirft sie fort, schnell von den Lippen,
die kleinen Zigarettenkippen.
So schau ich manchmal sehr verwundert,
wenn auf dem Boden mehr als hundert.

Das finde ich so nebenbei
mitunter eine Sauerei.
Wenn's ohne Qualmen schon nicht geht,
entsorgt die Kippen doch diskret!

6. Kapitel: Mode

Das letzte Hemd
in verschiedenen Fassungen

a) Der Menschen soll man mehr gedenken,
die ihr letztes Hemd verschenken.
Doch das Ergebnis kennt man ja.
Sie leben nackt in FKK.

b) Soll man der Menschen mehr gedenken,
die ihr letztes Hemd verschenken?
Ist jemand nur für andre da,
wird stranden er an FKK.

c) Wer verschenkt sein letztes Hemd,
bleibt mir als Mann doch ziemlich fremd.
Ist er nur für andere da,
bleibt ihm nichts als FKK.

d) Landen wir bei FKK,
sind wir nur für andere da?
Wie können wir an andere denken,
wenn wir das letzte Hemd verschenken?

Die heißen Höschen
damals und heute

Mancher es noch heute weiß.
Es geschah vor vielen Jahren.
Höschen wurden plötzlich heiß.
Damals war ich unerfahren.

Heute kann man's wieder finden,
dass die Höschen kurz und knapp.
Meine Lust ist nicht zu zünden,
denn jetzt bin ich alt und schlapp.

Mini-Röcke

Das ist jetzt bei Frauen Sitte:
ein breiter Gürtel um die Mitte,
ein Stückchen Stoff, der mal vielleicht
bis zu den Oberschenkeln reicht.

Da muss ich mich allmählich fragen,
wann Mädchen wieder Röcke tragen.
Kritik zu üben liegt mir fern.
Ich sehe so was nämlich gern.

Baden im Alkohol

Menschen würde es nicht schaden,
wenn sie ab und zu mal baden.
Es muss nicht immer Wasser sein.

Man badet auch ganz gut im Wein.

Auch wenn man sich dabei geniert,
der Alkohol, der konserviert.
So bleiben unsere lieben Alten
durch Alkohol recht gut erhalten.

Vom Rauchen und Trinken

Es ist ein lang geübter Brauch:
Wer Pfeifen hat, liebt auch den Rauch.
Es gefällt ihm, nicht zu fragen,
ob er und andre das vertragen.

Ob Zigaretten, ob Zigarren,
das Rauchen ist an sich ein Schmarren.
Es putscht zwar auf das Nikotin,
doch leider ist auch Teer darin.

Die Lungen werden langsam schwarz
verkleben Bläschen wie ein Harz.
Man kann kaum atmen, man erstickt
und wird am Ende fast verrückt.

Denn Rauchen kürzt die Lebenslänge
durch Karzinom und Lungenenge.
Die Luft durch Raucher bleibt nicht rein.
Die Passivraucher leiden Pein.

So bietet sich kein schönes Bild:
Leichenblass vom Rauch umhüllt,
der Raucher will mit Tabak protzen,
es stört ihn nicht, wenn andre kotzen.

Analysiert man den Komplex,
landet man beim Saug-Reflex.
Schließlich kann man dann begreifen,
dass Männer oft zur Flasche greifen.

Rauchen, Trinken macht uns nur
süchtig, krank und lieblos pur.
Wirf den Tabak einfach weg
und befrei Dich von dem Dreck!

Darum folge meinem Rat:
Schreit' entschlossen frisch zur Tat!
Die Sauferei lass endlich sein!
Und sei nicht gierig wie ein Schwein!

Alkohol und Nikotin
rafft die halbe Menschheit hin;
doch auch ohne Schnaps und Rauch,
stirbt die andre Hälfte auch.

Ich dagegen gebe Dir
eine andre Fassung hier:
Ohne Schnaps und ohne Rauch
kannst du glücklich leben auch!

7. Kapitel: Natur

Der Fluss

Träumend stehe ich am Fluss,
weil ich reines Wasser liebe.
Doch der Anblick macht Verdruss.
Ich hoff', dass man die Brühe siebe.

Bleibt das Wasser schmutzig trübe,
macht das Baden keinen Sinn.
Ohne Schwimmen bleib' ich müde,
setz' mich still ans Ufer hin.

Ist des Flusses Wasser braun,
aufgewühlt vom Schlamm der Erde,
kann kein Schwimmer ihm vertraun,
dass davon nicht krank er werde.

Und so komme ich zum Schluss,
dass der Fluss muss werden rein;
denn es ist wohl kein Genuss,
in die Brüh' zu tauchen ein.

Die Reinheit schätz' ich, die Natur,
das Wasser klar, gar lieblich hell.

Dann atme ich die Freude pur
und reinige mich freudig schnell.

Klares Wasser, das bringt Leben,
das erfrischt den Körper, Geist.
Labungsvoll kann mich erheben
Wasser, das man sauber heißt.

Wer die Umwelt dreist verschmutzt,
rücksichtslos bleibt seine Seele.
Auf der Suche, was ihm nutzt,
er das Glück nicht andern stehle.

Ist die Seele wirklich rein,
ohne Schandfleck, ohne Gier,
wird die Umwelt sauber sein,
zum Genuss für Mensch und Tier.

Von der Flüchtigkeit der Wolken

Ich schau so gern den Wolken nach.
Sie ziehen stetig über Land.
Sie halten meine Träume wach,
ihr Ziel bleibt mir ganz unbekannt.

Und kann ich wo im Grase liegen,
ganz still, entspannt für mich allein,
seh' Wolken ich vorüberfliegen
und fühle mich dabei so klein.

Wunder der Schöpfung

Auf Schritt und Tritt ist Wunder-Fülle,
man braucht nur deutlich hinzusehen:
Der Felsen dort, das Meer, die Stille -
da lernt man tiefer, Gott verstehen.

Wir fragen Gott nach seinem Namen
und beten, dass er Antwort gibt.
Die Antwort, die wir längst bekamen,
ist klar für den, der Schöpfung liebt.

Das Leben ist so kurz, so flüchtig
wie diese Wolkenformen auch.
Es scheint so viel trivial und nichtig,
das ganze Leben nur ein Hauch.

Werte

Besitztum, Reichtum, Macht und Geld
sind die Werte dieser Welt.
Mancher wird davon getrieben,
Geld über alles noch zu lieben.

Altersweisheit kann uns lehren,
nichts mehr stürmisch zu begehren,
tief zu atmen mit Vertrauen,
die Schönheit der Natur beschauen.

8. Kapitel: Personen

Zur Erläuterung der Gedichte: Wahrscheinlich kann nicht jeder über Nonsense-Gedichte schmunzeln, weil sie eben inhaltlich keinen Sinn machen, aber auf der gleichen Silbe "euer" elf verschiedene Reime irgendwie in Zusammenhang setzen. Besinnlich sind sie nur für denjenigen, der auf einer einzigen Silbe möglichst viele Reime selber suchen möchte und dabei entweder in einem Reimlexikon nachschlägt oder über weitere Reimmöglichkeiten nachdenkt.

Herr Breuer
Nonsense-Reime auf -euer

Herrn Breuer
war's zu teuer. (2)

Die Umsatzsteuer
war Herrn Breuer
viel zu teuer. (3)

Gerade heuer
war die Steuer
für Herrn Breuer
viel zu teuer. (4)

Ohne Steuer
fuhr Herr Breuer
zu der Scheuer.
Da, ein Feuer!
Das wurd' teuer. (5)

Mit Herrn Breuer
fuhr zur Scheuer
ein Getreuer.
Ohne Feuer
war's nicht teuer
an dem Steuer. (6)

Heiß wie Feuer
war die Scheuer
für Herrn Breuer.
Auch die Steuer
schien ihm heuer
viel zu teuer,
nicht geheuer. (7)

Gerade heuer
kam das Feuer
ungeheuer
in die Scheuer.
Ein Getreuer
schien es teuer.
Das bereu' er,

sagt Herr Breuer. (8)

Vor der Scheuer
schien ein Feuer-
Ungeheuer
dem Herrn Breuer
nicht geheuer.
Sein Getreuer
meint, die Steuer
wäre heuer
ungeheuer. (9)

Dem Herrn Breuer
schien die Steuer
auch für heuer
viel zu teuer.
Dies bereu er
ungeheuer.
Wie ein Feuer
in der Scheuer
wär ein neuer
der Betreuer. (10)

Wenn das Feuer
sei ein Streuer
in der Scheuer,
wäre heuer
auch die Steuer
viel zu teuer,

meint Herr Breuer.
Sein Betreuer,
den bereu er.
Da erfreu er
sich am Steuer. (11)

Der Dichter und der Koch

Das Reimen ist des Dichters Pflicht.
Wenn es gelingt, wird's ein Gedicht.
Zu würzen ist des Koches Gabe,
auf dass der Gast sich daran labe.

Vielleicht hofft mancher Koch vergebens
auf die Würze seines Lebens.
Doch gelingt ihm sein Gericht,
spar' der Gast mit Loben nicht.

Der Dichter, den die Muse küsst,
ist froh, wenn man ihn nicht vergisst.
Die Jugend bis zu alten Greisen
mögen seine Verse preisen.

Kocht der Koch uns ein Gericht,
wovon lang die Presse spricht,
können wir beim Dichter lesen:
"Gut ist das Gericht gewesen."

Die Engel

Als Boten Gottes auch ohne Flügel,
beseitigen Engel so manche Übel.
Sie verkündeten einst auf Bethlehems Feld
damals den Hirten den Frieden der Welt.

Engel sind Wesen und Boten von oben.
Sie sollen Gott als den Schöpfer loben.
Erzengel, Mächte, Throne und Gewalten
haben sich immer an Gott zu halten.

Weiter bilden das himmlische Heer,
die lichtreichen Engel und noch mehr
die feurigen Wesen, die Seraphim.
Zu ihnen gehören die Cherubim.

Gabriel ist Gottes Verkünder.
Er spricht frohe Botschaft selbst für Sünder.
Mi-cha-el fragt: Wer ist wie Gott?
und lädt auf Luzifer allen Spott.

Er stürzte die Anführer der Revolte,
die anmaßend Gott keine Ehre mehr zollte
hinunter in den Höllenschlund
mit ihren Seelen kalt und wund.

Raphael, der heilende Engel,
als Verwalter des Guten ist er kein Bengel.

Bei Tobit hat er sehr gerne verweilt
und hat ihn von der Blindheit geheilt.

Engel sind Menschen wie du und ich,
sofern sie bleiben recht tugendlich,
sofern sie ganz selbstlos der Liebe dienen
und fördern den Frieden auf Erden hinieden.

Auch Uriel der Engel des Lichts
kann aus sich selber so gut wie nichts.
Er vermittelt den glorreichen Lichterglanz
und ist durchdrungen von Gott nur ganz.

Engel schweben von oben ganz schnell,
in großen Nöten sind sie zur Stell'.
Als Schutzengel können sie uns begleiten
und schützend die Flügel über uns breiten.

Drum sei fürwahr kein armer Wicht
und vergiss mir niemals die Engel nicht!
Sie bringen uns durch alle Not
ja selbst zum Himmel durch den Tod.

Der Fischer

Ein Fischer fährt jahrein, jahraus,
zum Fang aufs weite Meer hinaus.
Makrelen, Hering, Kabeljau
fischt er mit seines Netzes Tau.

Und fängt er einmal einen Rochen,
der ihm ins Schlepptaunetz gekrochen,
dann wünscht man ihm nur Petri Heil.
Davon kriegt jeder ab ein Teil.

Frau Frank

Hört nun einen kleinen Schwank
aus dem Leben von Frau Frank.
Als sie einmal Kaffee trank,
ihr der Mut zu Boden sank.

Denn sie fand nichts in dem Schrank,
was sie machte beinah' krank.
Doch dann füllte sie den Tank,
war erleichtert. Gott sei Dank!

Der Fremde

Ein Mensch, der uns erst fremd erscheint,
ist uns viel näher als man meint.

Wir schätzen leicht sein Naturell,
wenn wir ihn kennenlernen schnell.

Ein Mensch, der einst uns fremd erschien,
scheint augenblicklich aufzublühn,
wenn er behandelt wird als Freund.
Die Fremdheit dann nicht mehr erscheint.

Ein Mensch, der sich im fernen Land
befremdet fühlt und unbekannt,
fühlt sich sofort tief angenommen,
wenn dort Verwandte angekommen.

Ein Mensch ist oft ein guter Mann,
wenn man ihn kennenlernen kann.
Und vielfach wird geschätzt die Frau,
wenn man sie kennenlernt genau.

Niemand gilt uns wirklich fremd,
kommt er uns nah wie's eig'ne Hemd.
Und ist er brav und recht bescheiden,
dann können wir ihn auch gut leiden.

Die Frau des Potiphar

Wer kennt die Frau des Potiphar,
die ungemein erfahren war,
in vielen guten Liebessachen,
die uns meist große Freude machen?

Die Frau pfiff einst auf Sittsamkeit
und machte sich 'nen Schlitz ins Kleid.
Sie fuhr hinauf zur Stadt nach Theben,
um dort sich tüchtig auszuleben.

Die Stadt von Theben war für Memphis
was manchen Schweizern heute Genf is'.
Nah am Fluss, am schönen Nil,
lag die Bar zum Krokodil.

Dort tanzte man Dreivierteltakt,
mitunter auch mal völlig nackt.
Mit den Geliebten, fröhlich, frisch,
man gerne amüsierte sich.

Der Gatte von Frau Potiphar
fand dieses Spiel nicht wunderbar.
Er sprach zum König Pharao:
"Mit meiner Frau bin ich nicht froh."

Ich bleibe da nicht ungerührt,
denn Joseph nur hat sie verführt.
Jetzt hilf mir doch aus der Bedrängnis
und werf' den Joseph ins Gefängnis!

Damit es seine Ordnung hat,
gab Ramses diesem Antrag statt.
Mit seinen Kleidern halb zerrissen
war Josef völlig aufgeschmissen.

Für seinen Anstand musst' er büßen,
getreten wurd' er gar mit Füßen.
In des Gefängnis dunklem Loch
regt sich damals Hoffnung doch.

Der König hatte einen Traum.
Zu deuten war er wirklich kaum.
Sieben Kühe mager sind.
Sie verschlingen's fette Rind.

Doch Joseph sieht in fetten Kühen
die gute Ernte von den Mühen.
Dagegen sind die hageren
die Jahre dann, die mageren.

Der König legt viel Vorrat an.
Für schlechte Zeit ein guter Plan.
Der Joseph wird in jungem Alter
in Ägypten Hauptverwalter.

So wird er schließlich reich behende,
die Sache hat ein gutes Ende.
Die ganze Wahrheit kommt heraus.
Und dann ist die Geschichte aus.

Der alte Fritz

Man kennt ihn von der Schule schon
den alten Fritz: Respektperson.

Man bezeugt ihm irgendwie
in weiten Kreisen Sympathie.

Dass sein Vater grausam war,
ist der Nachwelt ziemlich klar,
weil er den Freund erschießen ließ.
Den Sohn warf er ins Burgverlies.

Wie es Königen gebührt,
hat Fritz oftmals Krieg geführt.
Mein Kommentar so nebenbei:
Ich halte nichts von Schießerei.

Ärzte glauben ganz gewiss,
er hatte Gicht und Syphilis.
Er schätzte Voltaire und liebte das Schöne.
Er freute sich an der Musiker Töne.

Martin Luther

Schon Luther frug als weiser Mann,
ob man nicht alles trinken kann.
Man bräuchte dann nicht alles kauen
und könnte trotzdem gut verdauen.

Der Papst

Der Papst erteilt der Welt den Segen.
Den kann sie haben - meinetwegen.

Lasst ihm auch den Kirchenstaat
und dazu den Zölibat!

Doch geht es um das Kinderkriegen
und das Sexualvergnügen,
frage ich den Herrn in Rom:
Was versteht Ihr denn davon?

Kinder habt Ihr meistens keine.
Reden schwingt ihr, allgemeine,

könnt der Welt auch nicht erklären,
wie die Massen zu ernähren.

Richtet doch den Blick nach oben!
Lehrt die Menschen, Gott zu loben!
Macht die Menschenherzen weit
für gottgewollte Fröhlichkeit!

Der Reimer

Ein Mensch, der sich am Reimen freute,
erfreute damit viele Leute.
Ein Schmunzeln war meist drin versteckt,
was nicht jeder gleich entdeckt.

Was er schrieb, war ganz spontan,
kam auch meistens recht gut an.

Was er schrieb, verweht der Wind.
Wer weiß, wo seine Verse sind?

Der Ritter

Es war einmal ein Ritter,
der trank fast einen Liter
von einem Bier ganz bitter.
Da kämpfte er nicht fitter.
Auf einem Pferde ritt er
und schwer im Kampfe litt er.

Da jubelte der Pitter (Peter),
dass er besiegt den Ritter
und nahm zur Hand die Zither.

Dann feierlich erschritt er
mit Beifallsblitzgewitter
das Ehrentreppchen-Gitter.

Da wurde schwach der Ritter,
beinahe wie ein Zwitter,
erschrak er mit Gezitter.

Denn für den edlen Ritter
war es besonders bitter,
blieb er im Kampf nur dritter.

Der Vikar

Der Vikar ist sowieso
sowas wie ein Dynamo.
Er ganz engelhaft erscheint,
da er's recht gut mit allen meint.

Wenn er dann Moral noch predigt,
wird sein Wort stets gern genehmigt.
Niemand flüstert oder quatscht
und am Ende wird geklatscht.

Gott als Begleiter

Ein letztes Nonsense-Gedicht
auf die Silbe "-eiter"
mit 8 Reimwörtern

Wenn Gott ist Dein Begleiter,
verirrst du Dich nicht weiter.
Dann bleibst Du immer heiter.
Denn Gott ist dann Dein Streiter.
Du wirst so viel gescheiter,
steigst auf der Lebensleiter
wie ein geschickter Reiter
zum Himmel viel bereiter.

9. Kapitel: Reisen

Der Drang in den sonnigen Süden

Der gute Klapperstorch, der weise,
macht sich im Herbst auf seine Reise.
Er zieht im schönen Vogelflug
grad wie in einem schnellen Zug.

Auch viele Menschen nie ermüden
bei ihrem Drang zum warmen Süden.
Und ist ihr Geld nicht ganz verpufft,
dann fliegen sie auch durch die Luft.

Dort sieht man voller Wonne
am Himmel hoch die Sonne.
Im Süden gibt es keinen Schnee.
Der Kälte sagt man gern "adé".

Zug-Vögel sind den Winter über
im Süden fort, sie kehren wieder,
erst, wenn es endlich Frühling wird
und wenn die Kälte nicht mehr klirrt.

Die Menschen aber, wohl die meisten,
die können sich's nicht leisten,
den ganzen Winter dort zu sein,
wo sich die warme Sonn' stellt ein.

Wo die Sonne ständig scheinet
und so gut es mit uns meinet,
dort läge unser Reiseziel,
das wohl jedem toll gefiel.

Nur drei, vier Wochen sind wir fort,
verbringen bloß den Urlaub dort,
wo der Himmel ständig blau
und das Meer ist warm bis lau.

Denn auch den Menschen ist zum Segen,
was südlich alle Vögel mögen.
"Ach, wenn ich nur ein Vöglein wär,
ich flög' so gerne übers Meer!"

Gedanken auf einer Schiffsreise

Im Fernsehn sieht man oft Verbrechen,
manche Messerstecherei.
Doch **ich** mag jetzt in **See** nur **stechen**
und bin auf Seefahrt gern dabei.

Venedig war einst wunderschön
auf seinen Pfählen fest verrammelt.
Jetzt muss man die Lagune sehen,
wie sie so peu à peu vergammelt.

Stört uns der Alltag mit Gewinsel,
dann hat sich ziemlich oft bewährt,

man zieh zurück sich auf 'ne Insel,
wohin ein schönes Schiff uns fährt.

Das Schiff ist wohl auf jeden Fall,
als Lebensschiff uns dargestellt,
ein Symbol im großen All,
ein Raumschiff in die weite Welt.

Gefährliches Reisen?

Will man mit dem Zug verreisen,
denk' man nicht gleich ans Entgleisen.
Denn das Auto, nicht der Zug,
hat vom Risiko genug.

Ebenso sei Fatalisten
Start empfohlen auf den Pisten.
Auf der Flugplatzlandebahn,
selten trifft man Unglücke an.

Denn das Fliegen in der Luft,
blieb' noch nie 'ne Todesgruft.
Geblieben ist man oben nimmer.
Herunter kamen alle immer.

Reisen bleibt ein Risiko.
Sicher ist man nirgendwo.
Bliebe jeder nur im Bett,
niemand Reisefieber hätt'.

Man bedenke dabei nur
auch des Bettes Todesspur.
Viele Leute sterben brav
im Bett liegend, tief im Schlaf.

Gefährliche Fortbewegungen

Segelflug und Paragleider,
auch das Drachenfliegen leider
sehr gefährlich werden kann,
wenn zu mutig wird der Mann.

Fliegen per Ballon ist schön,
kann man in die Ferne sehn.
Doch ganz elend wie ein Wurm
fühlt man sich bei Blitz und Sturm.

Auf Inlinern muss man schützen
Knie und Hände, die uns stützen,
um den Fall zu bremsen gut.
Ständig sei man auf der Hut!

Selbst beim Schwimmen kann man sinken
und womöglich noch ertrinken.
Glücklich, wer erwischt ein Boot,
das ihn rettet in der Not.

Hat das Boot vielleicht ein Leck,
vorn am Bug, vielleicht am Heck,

bleiben wir nicht froh und munter,
denn dann geht das Boot bald unter.

Will man reisen mit dem Schiff,
kann es stoßen auf ein Riff.
Auch beim Radeln ohne Helm
stürzt zu Boden mancher Schelm.

Leben ist ein Risiko.
Sterben musst du sowieso.
Selbst im Bette liegend brav
sterben Leute tief im Schlaf.

Heimweh

Auch im Fernsehn immer wieder
hört man schöne Heimatlieder.
Wer niemals in der Ferne war,
dem wird kein Heimweh offenbar.

Wer von Ferne hat genug,
zieht heimwärts wie im Vogelflug.

Die Schiff-Fahrt auf dem Rhein

Der Rhein ist schöner als die Lahn,
und unser Schiff kein lahmer Kahn.

Was man wohl bemerken kann:
Vorzüglich fuhr der Steuermann.

Hört man am Rhein ein lautes Brausen,
dann ist's der Rheinfall von Schaffhausen.

Dabei bedenke ich vor allem,
das wir nicht wirklich reingefallen.

Wenn auch der Rheinfall wird vermisst,
die heut'ge Fahrt kein Reinfall ist.

Warmes Wasser, Sonnenglut,
auch das Essen schmeckt uns gut.

Auf dass das Lob man steigern könnt,
die Schiff-Fahrt war ganz excellent.

Reisen in den Süden

Im Herbste sagt ein alter Storch:
den Winter hier halt ich nicht "dorch".
Ich begeb' mich meinethalben
auf den Reiseweg der Schwalben.

Wer Gen-Verwandtschaft recht versteht,
weiß, dass es uns oft auch so geht.
Denkt nach, was man da machen kann
und ruft einmal bei HAPAG an!

Man berät uns klug und weise
und nennt uns auch der Reisen Preise.
So haben wir das Ziel begriffen
und ziehen südlich gern auf Schiffen.

Wir überprüfen unsere Kassen
und wollen nicht zu viel verprassen.
Der Partner sagt: "Mein lieber Schatz!
Auf der 'Bremen' ist noch Platz."

Das Handgepäck genügt da nicht,
das Kofferpacken wird zur Pflicht.
Zwischendurch gibt's viel Papier,
doch am Ende sind wir hier.

Rückzug auf Gran Canaria

Das Wetter drückt mir aufs Gemüt.
Ein Grund, der mich nach Süden zieht.

Doch kann auch dort nicht immer sein
nur blaues Meer und Sonnenschein.

So habe ich auch nichts dagegen,
dass dieses Land braucht manchmal Regen.

10. Kapitel: Sterben

Froh lächelnd entschlafen

Ich denke oft in Seelenruh'
an meine aller letzten Dinge.
Es gehört sehr viel dazu,
dass ich's auch gut zu Wege bringe.

Die Stunde kenn' ich nicht exakt,
mal sehn, wie man es wohl erträgt,
wie man sein letztes Bündel packt,
der letzte Herztakt einmal schlägt.

Des Lebens Film läuft mir durchs Hirn,
durch diese wahre Wunderwelt.
Hinter meiner müden Stirn,
wer weiß, was mir dabei gefällt?

Dann reicht mir einen Becher Wein
vielleicht auch etwas Heroin.
Schmerzlos soll mein Ende sein,
wenn alles geht einmal dahin.

Froh lächelnd will ich dann entschlafen,
vom Leiden fern, ganz unberührt,
damit ich einst erreich' den Hafen,
der uns zum letzten Heile führt.

Gedanken über das eigene Sterben

Ans Sterben hab' ich oft gedacht.
Es hat mir auch nichts ausgemacht.
Schließlich lag's mir doch im Magen.
Ich beschloss, es zu vertagen.

Gedanken über Tod und Ewigkeit

Ich habe oft bei Tag und Nacht
über's Sterben nachgedacht.
Es fiel mir Vieles dazu ein:
Irgendwann muss es mal sein.

Das Abschied-Nehmen fällt recht schwer,
wenn es ohne Wiederkehr.
Der Körper wird nicht mehr geschunden.
Man hat das Leben überwunden.

Und mag der Leib auch ganz veralten,
des Menschen Geist bleibt doch erhalten.
Im Tode gibt es keine Zeit.
Das Leben bleibt in Ewigkeit.

Kein Abend schenkt mir ein Vergehen,
kein Vergessen, kein Verwehen.
Frühling spür ich wie am Morgen
und ich bin in Gott geborgen.

Heimkehr

Mein Gott, wie schön ist Deine Welt!
Du gabst mir einst das Leben.
Du hast mich hier hineingestellt,
hast mir ein Herz gegeben.

Die Sonne geht noch jeden Tag
am Himmel auf und unter.
Im Herzen liegt die bange Frag':
"Wo enden Deine Wunder?"

Ausgespannt in Raum und Zeit
hab' ich die Welt betreten.
Bin ich nun schon ganz bereit,
das Sterbewort zu beten?

Wann kehr' ich, Gott, zu Dir zurück,
befreit von allen Nöten?
Vollendet sich des Lebens Glück,
wenn wir Dein Reich betreten?

Noch sind alle Fragen offen,
gering ist unser Wissen.
Die Seele ahnt in stillem Hoffen,
dass wir nicht ganz vergehen müssen.

Scheiden von dieser Welt

Der Moment kommt ganz bestimmt,
wo mein Ohr nichts mehr vernimmt
und mein Auge nichts mehr sieht,
was auf dieser Welt geschieht.

Ich lieg' mit friedlichem Behagen
im Sarg, den meine Söhne tragen.
Ob Regen oder Sonne scheint,
ich merke nicht, wer um mich weint.

Ich hab' das Leben ausgetrunken,
bin tief ins Grab hinab gesunken.
Erde fällt mit dumpfem Ton
auf den Sarg; das kennt man schon.

Jetzt bin ich mir total im Klaren:
Millionen Jahre vor mir waren.
Millionen folgen hinterher.
Ist Scheiden da so schrecklich schwer?

Sterben als Abschiednehmen

Bei Tage und oft in der Nacht
hab' ich das Sterben neu bedacht.
Es fiel mir dazu sehr viel ein.
Irgendwann muss es mal sein.

Abschied-Nehmen ist sehr schwer,
wenn es ohne Wiederkehr.
Hat man das Leben überwunden,
wird kein Körper mehr geschunden.

Bleibt die Substanz dabei erhalten,
um Materie geistvoll zu gestalten?
Wenn unser Geist mit Gott verbunden,
vergeht der Körper unumwunden.

Sterben lernen?

Aus Rache oder auch zur Sühne
stirbt mancher auf der Erdenbühne.
Es streben viele nach den Sternen.
Doch wer will Sterben einmal lernen?

Man müsste nehmen Mut zur Hürde,
zu sterben lächelnd und mit Würde.

Das kann bestimmt nicht jedermann.
Es wird sich zeigen, wer es kann.

Vor der letzten Reise

Der Tod ist eine dunkle Wand,
ein Tor zu einem fremden Land.
Wir haben es schon oft vernommen:
noch keiner sei zurück gekommen.

Gelegentlich erhoffen wird,
der Tod sei eine Eingangstür
zu neuem Leben, hellem Licht.
Genaues wissen wir darüber nicht.

Der Tod, so sagt uns mancher Weise,
sei so, wie eine große Reise.
Drum sollte jeder sich bei Zeiten
auf diese Reise vorbereiten.

Was sind dafür die großen Themen?
Es gibt doch gar nichts mitzunehmen.
Keine Koffer, keine Flaschen.
Das letzte Hemd hat keine Taschen.

Ein Frommer ist's, der uns empfehle:
Erhalte rein dir deine Seele!
Zieh' alle Eitelkeiten aus!
Lass allen Trug und Neid zu Haus!

Lass die Welt im Ganzen sausen!
Schau mehr nach innen, nicht nach außen.
Steig' aus den gewohnten Bahnen!
Du wirst des Geistes Tiefen ahnen.

Der Geist will das aus guten Gründen.
Deine Mitte sollst du finden.
Drum lebe jetzt als guter Christ,
damit du neu geboren wirst!

Wir sind nur Gast auf Erden

Man weiß noch nicht als kleines Kind,
dass wir nur Gast auf Erden sind.
Wer wird nach dieser Pilgerreise
am Ende doch ein bisschen weise?

Wer die Ewigkeit vermisst,
der spürt, wo die wahre Heimat ist.
So wandern wir im Pilgerstand
zu unserm himmlisch' Heimatland.

Vielleicht ist mancher armer Hund
als heimatloser Vagabund,
ein weiser Mensch, zum Greis gereift,
der die ew'ge Heimat neu begreift.

Er wandert in die Welt hinaus
und fühlt sich nirgendwo zu Haus.
Ihm gibt die Heimatlosigkeit
die Sehnsucht nach Geborgenheit.

So schreitet er als Pilger weiter
auf dem Weg zur Himmelsleiter.
Er bittet Gott als Mensch ganz fromm,
dass er einst in den Himmel komm.

11. Kapitel Technik

An Bord

Wer liegend sich am Deck schön sonnt,
vergisst des Alltags Weh und Ach.
Er hebt den Blick zum Horizont
und träumt den vielen Wolken nach.

Wie herrlich kann auf See man ruh'n
und gutes Essen gibt es auch.
Man hat nichts Wichtiges zu tun;
und träge macht ein voller Bauch.

So ziehen wir in tiefem Frieden
der Sonne nach zum warmen Süden.
Tanken Wärme, Seligkeit,
Sonne und Zufriedenheit.

Und wenn das Schiff mit Diesel fährt
und uns die Küche gut ernährt,
so ist wohl jedem sonnenklar,
dass hier viel Technik nötig war.

Der Dudelsack

In Schottland auf den Straßen
wird Dudelsack geblasen.

Es ist nicht leicht, das weiß man schon,
zu zeugen einen guten Ton.

Wer mit schwacher Puste spielt,
ist dabei nicht sehr beliebt.
Wenn er es versucht dann doch,
pfeift er "auf dem letzten Loch".

Der Kugelschreiber

Goethe - so wird uns berichtet,
hat viel geschrieben und gedichtet.
Er tat dies oft mit viel Gefühl
und mit einem Gänsekiel.

Später war in diesem Fall
die spitze Feder aus Metall.
Der Nachteil aber war dabei,
die Tinte machte Kleckserei.

Heut benutzt oft Klein und Groß
den Kugelstift gedankenlos.
Der Mann, der ihn erfunden hat,
starb arm in einer fremden Stadt.

Kugelschreiber heißt er hier.
Man schreibt damit meist auf Papier.
Wer herstellt Kugelschreiberminen,
kann leicht Millionen dran verdienen.

Die Perfektion der Technik

Die Menschheit hat's so weit gebracht,
den Götzen „Technik" selbst gemacht.
Der Stand der Technik ist genormt,
durch klugen Menschengeist geformt.

Macht Technik Menschen leicht bewusst
als wär' Natur nur ein Verlust,
ergreift den Menschen mit Gewalt
der Technik teuflische Gestalt.

Wenn der Mensch ist nicht perfekt,
der die Technik ausgeheckt,
kann's auch nicht die Technik sein,
die unvollkommen bringt uns Pein.

Hat sich ein Unfall zugetragen,
ist's meist bloß menschliches Versagen.
Die Technik selbst ist ganz perfekt,
sind keine Fehler mehr entdeckt.

Die Technik, ob sie groß, ob klein,
kann oft auch unvollkommen sein;
doch wenn der Mensch sie gründlich richtet,
sind Mängel, Fehler schnell vernichtet.

Wir können zwar mit viel Vertrauen,
auf Menschen und auf Technik bauen,

doch dies ist unser Menschenlos,
der Mensch ist nur durch Technik groß.

Ist die Technik einmal schwach,
liegt der Mensch in Weh und Ach.
Technik wird zum Endgericht,
ohne sie geht's wirklich nicht.

Wer aber nur der Technik traut,
hat leider oft auf Sand gebaut.
Drum sei recht klug und nicht so stur!
Vertrau auch Gott und der Natur!

Der Schlüssel mit neuem Zylinder

Abends kehrt man heim zur Ruh.
"Verdammt!" Da ist die Türe zu.
Der Schlüssel geht ins Schloss nicht rein.
Das muss die falsche Türe sein.

Wie leicht man sich doch irren kann!
Man geht zum Haus gleich nebenan.
Kein Schlüssel passt, was allerhand.
Man zweifelt schier an dem Verstand.

Dann sagt die Frau von nebenan,
es wohne dort ein andrer Mann,
den sie am Morgen noch bewundert
mit seinem Audi, Nummer hundert.

Schließlich wurd' die Sorge minder.
der Grund lag bloß an dem Zylinder.
Niemand hatte dran gedacht,
dass man 'nen neuen rein gemacht.

12. Kapitel: Verschiedenes

Bier

Es ist fatal für einen Mann,
dass er nicht alles trinken kann.
Im Bier jedoch liegt großer Trost.
Drum hebt die Gläser! Saget: Prost!

Der Freundesbund
(Unitas Franko Palatia)

Glücklich ist im Bund der dritte,
wenn er geborgen in der Mitte.
Wenn Freundschaft bei ihm eingekehrt,
fühlt er sich angenommen, hoch verehrt.

Das Farbenband uns froh umschlingt,
wenn es uns die Freundschaft bringt.
Ob schwach der Beutel oder stark,
erschüttert niemand bis ins Mark.

Der Senior mahnt mit ernstem Ton,
erinnert an die Tradition,
des Lebensbunde hohe Kunst,
verschwinde nicht im bloßen Dunst.

Er verrät den tiefsten Grund
für den Männerfreundschaftsbund.
Es ist vor allem unsere Treue,
die den Lebensbund stets frisch erneure.

Muße brauchen wir und Zeit
für der Burschen Herrlichkeit.
Mit diesem Wissen und im Heitern
Horizonte sich erweitern.

Lebensfreude und Humor
bringen auch viel Kraft hervor.
Und so wächst die Energie
kreativ mit Phantasie.

Im Wein liegt Wahrheit und auch Trost.
Drum hebt das Glas und saget: Prost!
Doch auch in einem Kruge Bier
ist sehr viel Nahrungsvorrat hier.

Drum stoßt auf die Gesundheit an,
die uns im Leben bringt voran.
Das "Vivat" möge Leben bringen
die Stimmen öffnen uns zum Singen.

Das "Floreat" in uns gedeihe,
es blüh' in uns stets auf das Neue.
Das "Crescat" kurbelt Wachstum an,
damit uns viel gelingen kann.

Die Unitas eint uns allein.
Niemand wird hier einsam sein.
So lebe, wachse und gedeihe
der Freundschaftsbund blüh' auf aufs Neue.

Lied auf meine Heimatstadt Aachen

zu singen auf die Melodie
„Gold und Silber lieb ich sehr..."
gedichtet in Aachen am 15. Januar 2012
von Heribert Steger

Meine Heimat lieb ich sehr,
darum sing' ich wieder,
möcht' mich trennen nimmermehr
von dem Klang der Lieder.
Aachen, meine Heimatstadt,
hat mein Herz bezwungen,
:// weil der Ort viel Schönes hat,
wird er hier besungen. //: (2x)

Denkt nur an den Aachener Dom,
diese Pfalzkapelle,
ist gegründet lange schon
an der heißen Quelle.
Dort hat Kaiser Karl als Mann
gerne residieret,
:// seine Gicht gelindert dann,
und von hier regieret. //: (2x)

Aachener Printen sind recht fein,
schmecken süß und lecker,
sind aus Zimt und Würze rein,
hergestellt vom Bäcker.
Lindt, so heißt hier die Fabrik,
die ist nicht bloß stadtbekannt;
:// auch wenn Süßes macht uns dick,
Printen gibt's im ganzen Land. //: (2x)

Aachen, eine Reiterstadt,
hat recht viele Pferde.
Springturniere finden statt
im Tivoli auf Soerser Erde.
Wird verliehn der Karls Preis
wider den tierischen Ernst,
:// dass entsteht ein großer Kreis
und Humor du lernst. //: (2x)

Zur Erst-Kommunion

Ich wünsche Dir zur Kommunion,
dass Gott Vater und Gott Sohn
beschütze Dich mit seinem Segen
auf allen Deinen Lebenswegen.

Und hältst Du Deine Gier im Zaum,
dann sollst du wachsen wie ein Baum.
Dann wirst Du ohne Mühe groß,
bist bärenstark und ganz famos.

Bau Dein Nest im Baum des Lebens,
dass Dein Streben nie vergebens.
Deine Sehnsucht findet Ruh
und Erfüllung immerzu.

Mach' es wie der Baum im Wald,
streb' zur Sonne und zum Licht.
Ob es warm ist oder kalt,
klage wegen Witt'rung nicht!

Und liebst Du andere Menschen sehr
gereicht dies Dir und Gott zu Ehr'.
Dann wanderst stetig Du in Ruh
der ewigen himmlischen Heimat zu.

Das Menschenhaus

Ich sitze da, muss länger warten
und spiele weder Schach noch Karten.
Um mich selbst zu amüsieren,
will ich Gesichter mal studieren.

Ein Mensch scheint mir grad wie ein Haus.
Er schaut aus sich zum Fenster raus.
Manches Haus ist recht famos.
Im anderen Haus scheint wenig los.

Man schaut hinein, fängt an zu spinnen
und fragt danach: Wer ist wohl drinnen?
Was an Gefühlen vor sich geht,
wohl keiner ganz genau versteht.

Des Hauses Fenster sind die Augen,
die zur Durchleuchtung etwas taugen.
Sind sie mal feucht, wir könnten meinen,
dass sie aus Traurigkeit bloß weinen.

Die Feuchtigkeit verrät uns noch,
dass man gerührt von etwas doch.
Mir scheint noch wichtig zu erwähnen,
dass es auch gibt die Freudentränen.

Wenn Augen blitzen oder funkeln,
dann sind sie meist nicht ganz im Dunkeln.
Wenn Augen sich etwas befeuchten,
dann scheinen sie vom Glanz zu leuchten.

Sie strahlen Freude aus und Licht,
da entsteht die Trübsal nicht.
Die Augen zeigen uns die Seele
und was womöglich ihr noch fehle.

Und stoßen wir zum Seelengrund,
dann wird der Mensch vielleicht gesund,
weil man erkennt, wo er in Not
und was er braucht als täglich Brot.

Die Scheidung

Ein Mensch nach langem Eheleiden,
fasst den Entschluss, sich bald zu scheiden.
Bevor die Sache abgesprochen,
hat er sich das Genick gebrochen.

Sein Tod lässt seine Witwe kalt.
Doch bitter weint sein Rechtsanwalt.
(frei zitiert nach Eugen Roth)

Rondell-Gedicht
von Heribert Steger
verfasst am 28.12.2011 im Haus Werdenfels
zum Film von Bent Hames: O' Horten

Der Sprung ins Leben

Ein Sprung von der Schanze, das wäre fein;
es müsste ein Sprung ins Leben rein sein.
Ganz offen fürs Leben, kein Abstellgleis.
Ein Sprung von der Schanze, das wäre fein.
Das sprengt alle Grenzen, da gibt's keine Last.
Ein Leben in Ruhe, ganz ohne Hast.
Ein Sprung von der Schanze, das wäre fein;
es müsste ein Sprung ins Leben rein sein.

13. Kapitel: Weisheit

Ein neues Buch

Es erscheint ein neues Buch,
gibt's davon wohl nicht genug?
Die meisten Bücher stehen stumm
in Regalen still herum.

Schon immer ist es schwer gewesen,
ein schlaues Buch genau zu lesen.
Da sei der Hinweis mir erlaubt,
wie viel Weisheit dort verstaubt!

Brillen-Philosophie

Wenn jemand seine Brille sucht,
hat er im Stillen oft geflucht.
Hat er sie endlich, fragt er stutzig:
Wieso ist die schon wieder schmutzig?

Warum muss man zum Benutzen
täglich neu sie wieder putzen?
Brillen, die sind ein Problem.
Selten sind sie angenehm.

Dunkel schützt sie gegen Sonne.
Rosa schwimmt man leicht in Wonne.

Dass ihren Zweck sie gut erfülle,
legt man sie gern in eine Hülle.

Ist die Brille wirklich rein,
fällt das Licht ins Auge ein.
Was getrübt uns vorher war,
sehen wir nun wieder klar.

Ja, mit Brillen sieht man scharf,
auch wenn man's nicht immer darf.
Sieht man etwas ganz verschwommen,
scheint's als wär's nicht vorgekommen.

Wer Gläser vor die Augen schiebt,
die Wahrheit meist genauer liebt.
Betrachtet er dann etwas gern,
entdeckt er leicht des Pudels Kern.

Offene existentielle Fragen

Endlos ist das Reich der Sterne;
denn ihre Anzahl kennt man nicht.
Man wüsst' als Mensch nur allzu gerne:
Wo endet Raum und Zeit und Licht?
Vor Gottes Allmacht sind wir stumm.
Wir plagen uns mit tausend Fragen,
rätseln an der Welt herum,
möchten uns das Glück erjagen.

Wir fragen, ob in Weltraumzonen
Wesen sind, die trinken, essen,
die vielleicht auf Sternen wohnen,
sich mit Menschen könnten messen?

Gottes Weisheit haben wir nicht.
Sie lässt sich nicht ergründen.
Doch sollte jeder kleine Wicht
von Gottes Liebe stets verkünden.

Durch Seine Liebe sind wir groß,
wir können Schönes schaffen.
Sein Glanz bleibt hell und ganz famos,
verdunkelt nur durch eitles Gaffen.

Durch Krieg, Gewalt und Aggression
wird Schöpfung oft vernichtet;
drum täglich sei um Gottes Lohn
das Tagwerk immer gut verrichtet.

So bauen wir an einer Welt,
die friedlich wird entstehen,
die uns von Herzen gut gefällt.
Drum lasst sie niemals untergehen!

Das ist unser Glauben schlicht,
unser sehnsuchtsvolles Hoffen.
Denn bei aller Glaubenspflicht
bleiben viele Fragen offen.

Friedenspolitik

Die Politik läuft kreuz und quer.
Mal schießt man tot. Mal baut man auf.
Ich glaub' der Politik nicht mehr,
die sagt, dass sei der Welten Lauf.

Der Einzelmensch sieht meistens ein,
ob nah dabei, ob weit vom Schuss,
der ganze Blödsinn muss nicht sein,
man jeden Krieg beenden muss.

Bei all den schlimmen, bösen Sachen,
steht man dabei fast wie gelähmt.
Was kann die Kriegslust Gutes machen?
Es wär' nur gut, wenn man sich schämt.

Wenn zertrümmert Hab und Gut,
wenn viel Blut dahin geflossen,
zerbricht vielleicht der Übermut,
ist man zum Frieden fest entschlossen.

Die Politik, die hier versagt,
die gehört ganz abgeschafft.
Wird der Frieden nur vertagt,
geht zu Ende alle Kraft.

Friede sollte nicht erst sein,
wenn der Krieg zu Ende ist.

Immer leucht' der Liebe Schein,
der vermeidet Krieg und List.

Politik muss schaffen Frieden.
Politik vermeide Krieg!
Dieses Streben hier hinieden
gelte als der wahre Sieg!

Ein glückliches Leben

Das Leben wär' noch mal so schön,
würden die Menschen sich besser versteh'n.
Ein jeder zum Helfen und Geben bereit,
es gäb' auf der Erde nicht so viel Leid.

Wär' nicht das Verlangen nach Macht und Geld,
dann wär' mehr Frieden auf unserer Welt.
Doch wenn das Wörtchen "wenn" nicht wär,
wär' ich schon lange Millionär.

Mehrmals täglich fröhlich lachen,
sich und andern Freude machen,
mit Humor die Dinge seh'n
so ist das Leben einfach schön.

Dem Menschen etwas Gutes tun,
ist besser als sich auszuruh'n.
Probier es aus, ich sage dir,
das ist ein Lebenselexier.

Wer taktlos ist und andere kränkt,
den meidet man, eh' er's bedenkt.
Wer immer nörgelt, kritisiert,
bleibt eines Tages isoliert.

Der Nachbar darbt und lebt in Not,
ihn mangelt es am täglich Brot.
Ein andrer hat's im Überfluss,
und das gereicht ihm zum Verdruss.

Er isst zu viel, er wird zu fett.
Die Leute finden ihn nicht nett.
Er bleibt vielleicht ein reicher Prasser
doch leicht wird er zum Menschenhasser.

Drum lieber Mensch, so denke dran,
wie schnell das Schicksal sich ändern kann.
Ein Lächeln ist wie Sonnenschein.
Es sendet Glück ins Herz hinein.

Beklage nie den neuen Morgen,
der dir Müh' und Arbeit gibt.
Es ist so schön, kann jemand sorgen,
für einen Menschen, den er liebt.

Es gibt so viel, was glücklich macht:
ein Tag, an dem die Sonne lacht,
ein kleiner Gruß, ein lieber Blick.
Für viele ist das schon das Glück.

Erfreu' dich an den kleinen Dingen,
dann werden Vögel für Dich singen!
Ja, nimm das Leben, wie es ist,
vielleicht auch du dann glücklich bist.

Toleranz und Solidarität

Wenn wir im Schuh des anderen gehn,
wir was von Toleranz verstehn.
Durch guten Willen kann allein
der Mensch kaum toleranter sein.

Nur wer den andern neu erfährt,
dem wird die Toleranz genährt.
Sie steigert sich durch Fremderfahrung.
Durch die Begegnung kriegt sie Nahrung.

Und wer sich solidarisiert,
wird mehr zur Toleranz geführt.
Zu echter Solidarität
ist es niemals schon zu spät.

Ja, die wahre Toleranz
fordert uns als Menschen ganz.
Darum solidarisch sei!
Das macht tolerant und frei!

Weises Lächeln

Was man stets bewundern kann
ist ein Humor, der kommt spontan.
Denn niemand findet wirklich nett,
trägt man ein seelisches Korsett.

Ein Witz erscheint uns sehr gelungen,
wenn er erzählt wird ungezwungen.
Man kann nicht immer lauthals lachen,
wenn Menschen dumme Witze machen.

Ein weiser Mensch bleibt hier nicht stur.
Er schmunzelt oder lächelt nur.
Er kümmert sich um **seinen** Karren
und überlässt den Rest den Narren.

14. Kapitel: Zeit

Der Fluss der Zeit

Wenn man den Fluss der Zeit beschaut,
kriegt mancher eine Gänsehaut.
Ist unser Hirn auch sehr gescheit,
es fasst doch nie die Ewigkeit.

Immer das Gleiche

Das alte Jahr mit Krieg vermient,
hat nun endlich ausgedient.
Das alte Jahr, es führt ins Grab
der Ewigkeit mit uns herab.

Auch wenn wir neue Daten schreiben,
die Menschen werden Unfug treiben.
Ob altes oder neues Jahr,
die Menschheit bleibt fast wie sie war.

Impressionen aus den 4 Jahreszeiten

Frühling

Der Schnee schmilzt leise.
Es blüht der Flieder.

Man hört die Meise.
Die Lerche kommt wieder.

Sommer

Das Freibad ist voll.
Die Sonne scheint.
Wir spielen ganz toll
und niemand weint.

Herbst

Es steigt der Drachen.
Die Blätter fallen.
Die Äste krachen.
Kastanien knallen.

Winter

Weiß ist der Schnee,
doch dunkel der Abend.
Eisglatt der See.
Der Glühwein ist labend.

Das alte Jahr

Ausgedient hat's alte Jahr,
weil es alt und müde war.

Ein Abschnitt nur im Strom der Zeit.
Zum Wechsel sei der Mensch bereit!

Mach' einen Schnitt und fang' sodann
das neue Jahr mit Hoffnung an!
Ein kleiner Schritt erscheint es nur.
Und weiter tickt die Weltenuhr.

Jahresende

Ein Jahr verrinnt im Strom der Zeit,
wie's seit Jahrtausenden geschah.
Du denkst vielleicht der Tod ist weit,
vielleicht ist er auch nah.

Die Uhren zählen die Sekunden.
Die Zeit kann niemand halten auf.
Die Gegenwart ist rasch entschwunden.
Komm Schicksal, nimm nur Deinen Lauf!

Mit Herz und Hirn begreif ich kaum
und stehe frei am stillen Ort.
Welch' Wunderwerk ist Raum und Zeit.
O Ewigkeit, o nimm mich fort!

Auch zu diesem Jahresende,
im Dezember an Silvester,
erwart' ich keine große Wende,
doch will ich glauben immer fester.

Die Hoffnung stärken und die Liebe,
das wünsch' ich mir fürs kommende Jahr.
Auf dass nichts zu bereuen bliebe
und alles werde wunderbar.

Der erste <u>Mai</u>

Heute ist der erste Mai.
Die meisten Leute haben frei.
Am Tag der Arbeit soll man ruhn -
oh Paradox! - und gar nichts tun?

Schon Goethe sagt, dass Seelenkraft
nur zunimmt, wenn man freudig schafft.
Drum halt' dich fern vom Sündenpfuhl
und ruh' nicht faul im Liegestuhl!

Vielleicht massierst du dir die Waden
zum Wandern, Schwimmen oder Baden.
Du könntest radeln oder reiten
und gute Laune froh verbreiten.

Die einen wollen demonstrieren,
die andern gehen gern spazieren.
Egal, was Menschen gut gefällt,
man muss aktiv sein auf der Welt.

Die Arbeit gibt oft Lebenssinn.
Doch ist im Leben viel mehr drin:

Es blüht wie eine Lilie,
liebt jemand die Familie.

Ob Vater, Mutter oder Sohn,
die Liebe strebt nach Gottes Lohn.
Die Liebe wird gewiss nicht minder,
gibt man sie weiter an die Kinder.

Wenn Jugend wirklich Zukunft hat,
muss man vermeiden, was zu matt.
Aktivität, Begeisterung
hält unser Leben voll in Schwung.

Drum bleibe nicht allein zu Haus!
Geh' lieber mal mit Freunden aus!
Dann geht der schöne erste Mai
an dir nicht ohne Spur vorbei.

Morgengedicht

Wenn ein neuer Tag anbricht,
aufgeht mit dem Sonnenlicht,
fragt der Mensch am frühen Morgen,
voller Ängste, Furcht und Sorgen,

was der neue Lebenstag
ihm womöglich bringen mag.
Niemand weiß Genaues nicht.
Bringt's ihm näher zum Gericht?

Zum Gericht am jüngsten Tage,
wo wird enden alle Plage?
Wird es uns den Schlaf noch rauben?
Niemand weiß es. Doch im Glauben

erhoffen wir die bessere Welt,
die des Menschen Herz erhellt.
Kann man Glück vom Schicksal borgen?
Werden größer unsere Sorgen?

Wär die Welt ein Paradies,
wünschenswert und gar nicht mies,
würden wir mit Weitblick schauen,
eine Zukunft uns erbauen.

Ist die Urzeit wohl zurück,
wenn der Mensch erhascht ein Glück?
Kann er wie im Garten Eden
hier auf Erden glücklich leben?

Am Rand der Zeit

Auf den Klippen überm Meer
steh' ich fast am Rand der Zeit.
Die Ferne lockt mich immer mehr,
macht mir Herz und Seele weit.

Zum Horizont, da möcht' ich fliegen,
den man dennoch nie erreicht.

Kann jemand schnelle Flügel kriegen,
der Horizont als Ziel entweicht.

Silvester

Ein Jahr verrinnt im Strom der Zeit,
wie's seit Jahrtausenden geschah.
Du denkst vielleicht der Tod ist weit,
vielleicht ist er auch nah.

Die Uhren zählen die Sekunden.
Die Zeit kann niemand halten auf.
Die Gegenwart ist rasch entschwunden.
Komm Schicksal, nimm nur Deinen Lauf!

Mit Herz und Hirn begreif ich kaum
und staune nur am stillen Ort.
Welch' Wunderwerk ist Raum und Zeit.
O Ewigkeit, o nimm mich fort!

Auch zu diesem Jahresende,
Ende Dezember, an Silvester,
erwart' ich keine große Wende,
doch will ich glauben immer fester.

Die Hoffnung stärken und die Liebe,
das wünsch' ich mir fürs kommende Jahr.
Auf dass nichts zu bereuen bliebe
und alles werde wunderbar.

Der Strom der Zeit

Ich lasse die Gedanken schweifen
und möchte Raum und Zeit begreifen.
Seh' ich zu den Sternen rauf:
Raum, wo hörst du einmal auf?

Was Zeit bedeutet, weiß man kaum.
Sie endet nie, verrinnt im Raum.
Ich höre tausend Uhren ticken.
Die Zeit zu fassen, will nicht glücken.

So steh sinnend ich am Fluss,
der vorüber fließen muss.
Wach-träumend stehe ich daneben;
bewundere der Schöpfung Leben.

Der Weihnachtsbaum

Zur Weihnacht steht ein Tannenbaum,
im Winter kommt der grüne Bote,
ermöglicht einen süßen Traum,
ein Geheimnis er auslote.

Der Lichterglanz schließt alles ein:
das "Wieder- zueinander- Finden".
Wird er einmal Asche sein?
Sein Leuchten uns dann ganz entschwinden?

Er grünt im Augenblick der Zeit,
um unseren Blick auf das zu lenken,
was jenseits der Vergänglichkeit
erhalten bleibt in unserm Denken.

Das Fest, das unsre Seele fasst,
gleicht einer wundersamen Blüte,
die ins Bild des Menschen passt,
der erfreut ist im Gemüte.

Nicht der Geschenke große Flut
soll das Weihnachtsfest erdrücken.
Nein! Ein bloßer Blick: "Ich bin Dir gut"
vermag uns innerlich entzücken.

Gott wurde Mensch in einem Kind,
auf dass die Hoffnung wächst auf Erden,
damit wir wieder friedlich sind
und zuversichtlich, glücklich werden.

Weihnachtsbräuche

So sitz ich da zur Weihnachtszeit
und denke an die Schreibarbeit,
an wen ich alles schreiben sollte,
wer mir die Schuld zum Schreiben zollte.

Ein Kartengruß wär' nicht zu viel.
Ein Weihnachtsbrief ein langes Spiel.
Die Weihnachtspost oft unterbleibt,
wenn uns die Zeit zum Schenken treibt.

Manchmal frag' ich mich dabei:
Was soll die ganze Schenkerei?
Gewiss kann man mit manchen Sachen
andern Menschen Freude machen.

Zu gutem Werk sei stets bereit!
Und das nicht nur zur Weihnachtszeit.
Wünsche Segen immerdar,
nicht nur zum Fest und zu Neujahr!

Man findet Zeit in langen Nächten,
wo wir uns gern besinnen möchten.
So folgt man auch der Tradition,
mit Kartengruß, Geschenken schon.

Außerdem besagt das doch:
Ich denk' an Dich und lebe noch.
Weihnachten ist auch ein Fest,
an dem man sich beschenken lässt.

Zeitlos

Wenn der Mensch die Zeit vergisst,
dann entkommt er Satans List.

Er lebt dann zeitlos gegenwärtig
und ist mit dem Vergangenen fertig.

Lebt er in der Gegenwart,
wird viel Energie gespart.
Konzentriert im Augenblick
schaut er nicht vor und nicht zurück.

Zeitlos bleibt die Wunderwelt,
die ihm ewig gut gefällt.
Dann wird ihm der Raum, die Zeit,
zum Moment der Ewigkeit.

Zeitung lesen

Wer täglich Zeitung liest, erfährt,
was er im Radio hat gehört,
was gestern man im Fernsehn zeigte,
sofern man seine Gunst ihm neigte.

Die Zeitung druckt es schwarz auf weiß,
damit man alles sicher weiß.
Der Leser streicht die Zeilen an,
die sein Gemüt erregt sodann.

Mit Rotstift kann er unterstreichen,
was seinem Hirn nicht soll entweichen.
Was ihm gefällt, was ihn belebt,
wird ausgeschnitten, aufgeklebt.

Doch manchen hat's den Tag verdorben,
wenn er erfährt, wer jüngst verstorben.
Statt Anzeigen genau studieren,
könnte Werbung ihn verführen.

In der Zeitung ist viel drin,
was beschäftigt unseren Sinn.
Doch wenn die Stimmung bleibt nicht heiter,
liest man vielleicht auch nicht mehr weiter!

Anhang

Drei handschriftliche Originale

von Dr. med. Walter Richard Maus

zu den Gedichten

1. Seelenruh oder

Froh lächelnd entschlafen

2. Der Kugelschreiber

3. Lebensfreude.

Ich denke oft in Seelenruh
an meine allerletzten Dinge.
Es gehört nicht viel dazu,
daß ich es gut zuwegebringe.

Die Stunde kennt man nicht exakt.
Wichtig ist, wie man's erträgt.
Wie man sein letztes Bündel packt,
bis der letzte Herztakt schlägt.

Der Lebensfilm läuft uns durchs Hirn.
Randvoll war die Wunderwelt.
Hinter uns'rer müden Stirn
wird das letzte Wort erzählt.

Dann reicht mir einen Becher Wein.
Gebt Haschisch mir, auch Heroin.
Schmerzlos soll mein Ende sein.
Froh lächelnd scheide ich dahin.

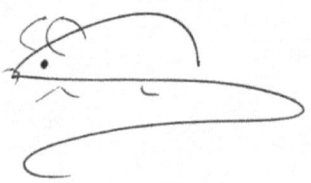

Kugelschreiber

Goethe – so wird uns berichtet,
Hat viel geschrieben und gedichtet.
Er tat dies mit viel Gefühl
und mit einem Gänsekiel.

Später war in diesem Fall
eine spitze Feder aus Metall.
Der Nachteil aber war dabei:
Die Tinte macht viel Kleckserei.

Heut schreibt man oft – gedankenlos
Mit Kugelschreiber klein u. groß.
Der Mann der ihn erfunden hat,
starb arm in einer fremden Stadt.

Man produziert nun seine Minen
um Millionen zu verdienen.
Boligrafo heißt er hier.
Man schreibt damit... meist auf Papier.

G. C. - 94

Lebensfreude

Freude - ach, wie find ich sie
als Quelle meiner Energie?
Sagt nicht mancher voller Qual,
die Erde sei ein Jammertal!

Wie kann man nur den Sinn ergründen?
Die Wege zu sich selber finden?
Verschwinden lassen Leid und Schmerz?
Wie befreie ich mein Herz?

Die Gedanken muß man lenken,
Mit Hirn u. Herz zu Neuem Denken!
Daß alle Wesen hier auf Erden
wieder froh u. glücklich werden

2.1. 93

Zeitfracht Medien GmbH
Ferdinand-Jühlke-Straße 7
99095 Erfurt, Deutschland
produktsicherheit@kolibri360.de